EMPIEZA A TOCAR
Batería

AMSCO PUBLICATIONS
London/New York/Paris/Sydney/Copenhagen/Madrid

Distribuidor exclusivo:
Music Sales Limited
8/9 Frith Street,
London W1V 5TZ, England.

Music Sales Corporation
257 Park Avenue South
New York
NY10010, USA.

Music Sales Pty Limited
120 Rothschild Avenue,
Rosebery, NSW 2018,
Australia.

Nº de orden. AM978219
EAN 5020679527788
© 2004, Todos los derechos reservados de este libro por Wise Publications
www.musicsales.com

Escrito por Dave Zubraski
Fotografía y texto de la portada George Taylor
Diseño del libro Chloë Alexander
Modelo y consultor: Jim Benham

Impreso en el Reino Unido por
Printwise (Haverhill) Limited, Haverhill, Suffolk.

Tu garantía de calidad:
Como editores, procuramos producir cada libro con los más altos estándares
comerciales. Este libro ha sido cuidadosamente diseñado para minimizar
extraños giros de páginas y para hacer que tocar con él sea un verdadero pla-
cer.
Se ha puesto un cuidado muy especial al utilizar papel neutro libre de ácidos
fabricado con una pasta que ha sido blanqueada con cloro. Esta pasta se pro-
duce de árboles de reservas mantenidas y ha sido elaborado con especial cuidado de su entorno.
Toda la impresión y encuadernación ha sido planeada para asegurar una publi-
cación sólida y atractiva que deberá darte años de disfrute. Si tu copia no reúne
estos estándares, por favor infórmanos y con gusto la reemplazaremos por otra.
El catálogo completo de Music Sales describe miles de títulos y está disponible
a todo color y dividido en secciones por categoría, directamente desde Music
Sales Limited. Por favor, indíquenos sus áreas de interés y envíe un cheque/giro
postal por importe de 1.50£ a:
Music Sales Limited, Newmarket Road, Bury St. Edmunds,
Suffolk IP33 3YB.

Introducción

Bienvenido a Empieza a tocar batería para principiantes. El libro está pensado como una primera aproximación a la batería – aprenderás todo lo que un principiante necesita saber, desde cómo montar la batería por primera vez hasta cómo agarrar las baquetas.

Aprenderás de forma sencilla:
- cómo montar la batería
- cómo cuidar de la misma
- la lectura rítmica de notas
- ritmos clásicos de *rock*
- redobles clásicos

Para practicar, toca sobre el acompañamiento – el sonido que hemos grabado te permitirá escuchar cómo debe de sonar, después intenta tocarlo tú mismo.

Practica a menudo y con regularidad.
Es mucho mejor practicar veinte minutos al día que dos horas el fin de semana. No sólo estás ejercitando la mente para entender cómo tocar la batería, sino que también estarás enseñando a tus músculos a memorizar ciertas acciones mecánicas.

▼ **Roger Taylor** de Queen

Muy bien, después de tanto planear, has logrado olvidarte de tus amigos y vecinos. En el suelo, delante de ti, hay un montón de piezas con cromados brillantes, madera y plástico – ¡tu primera batería!

Consejo

Normalmente, el tamaño del bombo determinará el tamaño del resto de las piezas de la batería. Los bombos pueden medir entre 18″ y 26″. Intenta comprar un equipo que se adapte a las medidas de tu bombo. Por ejemplo, si no eres muy alto, una batería con un bombo de 20″ ó 22″ será más cómoda para ti que una con un bombo de 24″ ó 26″.

El montaje de tu batería

Casi todos los baterístas montan su equipo de forma diferente. Algunos eligen una configuración básica de cuatro o cinco piezas (platillos y accesorios aparte), mientras que otros prefieren combinaciones más complejas de diez o doce piezas con muchos platillos. Sin embargo, todos los ejercicios de este libro se pueden tocar con un equipo básico que deberá incluir:

Bombo, redoblante, tom de aire, tom de piso, soporte de contratiempo (hi-hat), soporte de redoblante, soporte de bombo, 2 soportes de platillos, 1 contratiempo o hi-hat, 1 *ride* y 1 *crash*, tal y como se muestra a continuación.

Platillo *crash*

Platillo *ride*

Tom (tambor) de aire

Contratiempo o hi-hat

Soporte de contratiempo

Redoblante

Tom (tambor) de piso

Soporte de platillo

Soporte de redoblante

Bombo

Pedal del bombo

Guía paso a paso para montar la batería

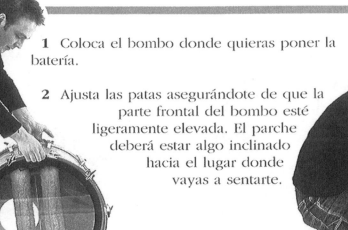

1 Coloca el bombo donde quieras poner la batería.

2 Ajusta las patas asegurándote de que la parte frontal del bombo esté ligeramente elevada. El parche deberá estar algo inclinado hacia el lugar donde vayas a sentarte.

4 Ahora coloca el tom de aire (o toms si tu batería tiene más de uno). Para ello, ajusta el soporte del timbal de forma que el parche esté ligeramente inclinado hacia el pedal del bombo.

5 Ajusta la altura del redoblante hasta que esté más o menos al nivel de tu cintura. De nuevo, el parche deberá estar ligeramente inclinado hacia ti.

7 Coloca el contratiempo a la izquierda de la caja, y ajusta el tornillo hasta que puedas juntar los platillos sin esfuerzo con el pedal.

3 Ajusta el pedal del bombo al enganche.

6 Coloca el tom (tambor) de piso a la derecha del bombo.

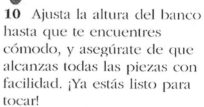

9 Asegúrate de que la altura del *crash* sea la correcta – tienes que estar cómodo.

10 Ajusta la altura del banco hasta que te encuentres cómodo, y asegúrate de que alcanzas todas las piezas con facilidad. ¡Ya estás listo para tocar!

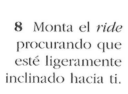

8 Monta el *ride* procurando que esté ligeramente inclinado hacia ti.

La afinación de la bateria

La afinación y la elección de los parches puede variar enormemente en el sonido de una batería. Las baterías se afinan tensando y aflojando los tensores con una llave (si lo hacemos en la dirección de las manecillas del reloj lo tensaremos, mientras que si lo hacemos en sentido contrario, lo aflojaremos).

El redoblante

Cuando afines el redoblante, haz que los parches y la bordonera estén tensos para que no vibren. Si la bordonera está demasiado tensa, no vibrará de forma natural y producirá un sonido ahogado. Aprieta cada tensor siguiendo el orden del esquema y dando una sola vuelta cada vez hasta que consigas el sonido que buscas.

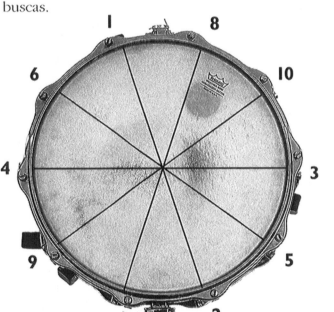

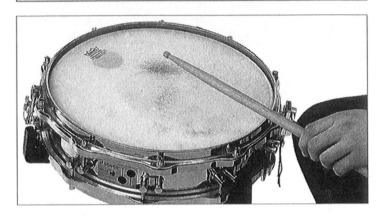

Consejo

Cuanto más tenses el redoblante, más aguda será la afinación. Esto también afectará a la velocidad de respuesta de la baqueta — cuanto más tenso esté el parche, más rápida será la respuesta.

Cuando cambies los parches, escoge unos que no sean demasiado gruesos. Un parche excesivamente grueso puede quitar sensibilidad a la bordonera, lo que producirá un sonido metálico. Te recomiendo que pruebes los parches Remo Ambassador para ambas partes del redoblante.

Parche superior

Aro

El parche inferior y la bordonera no aparecen en la foto.

Muelle de tensión

Sensor

Armazón

Seguro de fijación

Tornillo de ajuste de tensión

Base para lel redoblante

Vocabulario del batería: Tiempo de caída

El término tiempo de caída hace referencia al periodo durante el cual la nota permanece sonando antes de que el sonido se apague. El tiempo de caída se puede reducir de la siguiente forma: Toca un golpe en cada tom y fíjate en lo que cada nota tarda en apagarse. Pega un pequeño trozo de papel de seda con cinta adhesiva al parche superior, fuera de la zona donde golpeas, para incrementar el amortiguamiento. Así se reducirá el tiempo de caída. Ajusta los toms hasta que todos tengan el mismo tiempo de caída.

El Bombo

El bombo suele afinarse lo más grave posible pero sin que llegue a perder pegada. Para lograrlo, aprieta los parches lo suficiente como para que las arrugas desaparezcan. Se suele colocar un almohadón o una manta contra el parche posterior como amortiguador para cortar el sonido y producir un golpe sólido.

Tom o tambores

Los toms no suelen estar afinados a una nota específica, pero cuanto más pequeños sean más agudo deberá ser el sonido, y viceversa. Cuando afinemos los toms deberemos asegurarnos de que todos tengan el mismo tiempo de caída.

Postura

Cuando nos sentemos, debemos asegurarnos de que llegamos a todas las piezas con comodidad.

Siéntate derecho, a una distancia razonable – no te inclines sobre la batería o acabarás por parecerte a Cuasimodo.

Evita subir demasiado los soportes de los platillos y tener colocados los timbales en ángulos poco accesibles.

El aro superior de la caja deberá estar a la altura de tu cintura cuando estés sentado.

La altura del asiento también es importante – busca una posición que te permita tener los muslos paralelos al suelo cuando te sientes con los pies sobre los pedales.

Baquetas

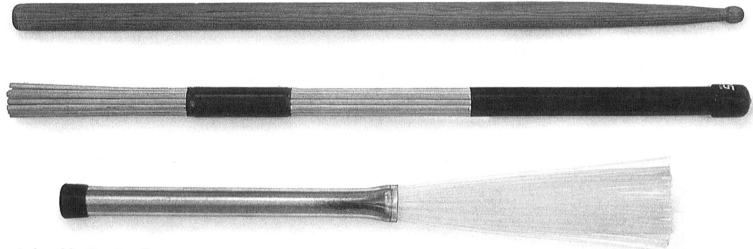

Cabeza	Desnivel	Mango	Base

Las baquetas se fabrican en muchos tamaños y formas, por lo que deberás escoger unas con las que te sientas cómodo. Como sugerencia, empieza con un par de baquetas de tamaño medio de madera de nogal. Asegúrate de que el par de baquetas que elijas esté recto. Es fácil de comprobar haciéndolas rodar sobre una superficie plana – si el movimiento es vacilante significará que están torcidas, por lo que deberás escoger otras.

Consejo

Golpea suavemente las baquetas sobre una superficie lisa y escucha el sonido. Intenta coger dos baquetas con el mismo sonido, lo cual querrá decir que la madera tiene la misma densidad y peso.

Sujección De Las Baquetas

Básicamente, hay dos modos de sujetar las baquetas:

• La empuñadura paralela, en la que ambas baquetas se sujetan de la misma forma. La mayoría de los baterías actuales utilizan la empuñadura paralela por motivos de velocidad y potencia.

• La empuñadura tradicional

La empuñadura paralela – Mano derecha

Con la palma de la mano derecha mirando al suelo, sostén la baqueta a la altura de un tercio desde la base. Hazlo de forma que haga de eje entre el dedo pulgar y la articulación del dedo índice. La yema del pulgar debe mirar desde el mango a la cabeza.

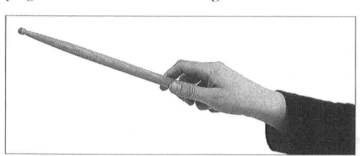

Curva tu dedo índice alrededor de la baqueta, y haz lo mismo con los dedos medio, anular y meñique para estabilizarla y tener controlarla. Para tu conocimiento, también te mostraremos la empuñadura tradicional. Veremos la empuñadura con la mano izquierda, ya que la de la mano derecha es la misma que la de la empuñadura paralela.

Empuñadura tradicional – Mano izquierda

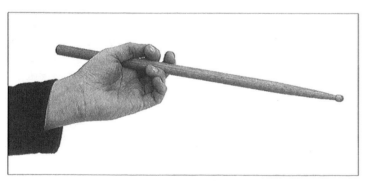

La empuñadura paralela – Mano izquierda

La empuñadura para la mano izquierda es exactamente igual que la de la mano derecha. Intenta mantener las manos y los dedos tan relajados como sea posible.

Consejo

El Baterista zurdo

Todos los ejercicios de este libro están escritos dando por hecho que eres diestro. Si eres zurdo, puedes tocarlos invirtiendo las indicaciones para manos y pies.

El golpe

El primer paso para mejorar tu técnica es dominar el golpe. Mantén los brazos rectos, de forma que el movimiento de la baqueta se produzca desde las muñecas. Si mueves demasiado los brazos, forzarás demasiado los músculos y no podrás tocar con rapidez y precisión.

1 Sujeta las baquetas a veinticinco centímetros por encima del parche de la caja. Mantén los brazos relajados y ligeramente separados del cuerpo.

3 Repite el paso 2 con la baqueta izquierda.

Sigue repitiendo el golpe a una velocidad lenta pero constante, D, I, D, etc. (D= Mano derecha, I= Mano izquierda)

2 Con un movimiento enérgico y relajado, haz que la cabeza de la baqueta derecha golpee contra el centro del parche del redoblante, y deja que vuelva a la posición inicial.

Cuanto más te relajes, más notarás que el rebote natural de la baqueta hace todo el trabajo. Intenta obtener el

Consejo

Para seguir practicando, intenta empezar el golpe con la mano izquierda (I D I D, etc.) y de mantener un sonido constante con ambas baquetas.

mismo sonido con ambas baquetas. Básicamente, hay dos formas de tocar el pedal del bombo.

Una de ellas es apoyar el pie entero en el pedal.

La otra es elevar el talón del pie y usar sólo la punta.

A veces se usa una combinación de ambas. Puede que sea mejor usar la punta para tocar ritmos rápidos. Te recomiendo que pruebes ambas posibilidades y veas cuál te resulta más cómoda.

Consejo

Ajusta el muelle del pedal de bombo para que esté tenso y el mazo llegue hacia el parche al apoyar el pie en el pedal.

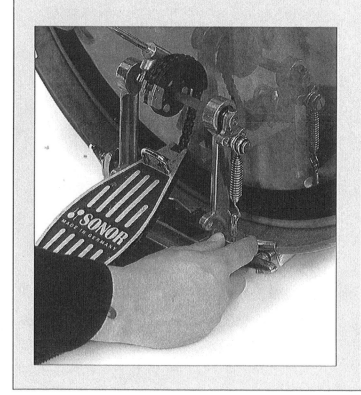

PUNTO DE CONTROL

LO QUE HAS VISTO HASTA AHORA:

Ahora sabes cómo:

- Montar la batería correctamente
- Afinarla y ajustar el tiempo de caída
- Sujetar las baquetas correctamente
- Usar la técnica de golpe correcta
- Usar el pedal del bombo correctamente

Lectura

Leer música es fácil –una vez entiendas los fundamentos, podrás hacerlo en muy poco tiempo.

La música para batería se escribe sobre cinco líneas paralelas denominadas pentagrama. A cada elemento de la batería le corresponde una línea del pentagrama, tal y como te mostramos debajo.

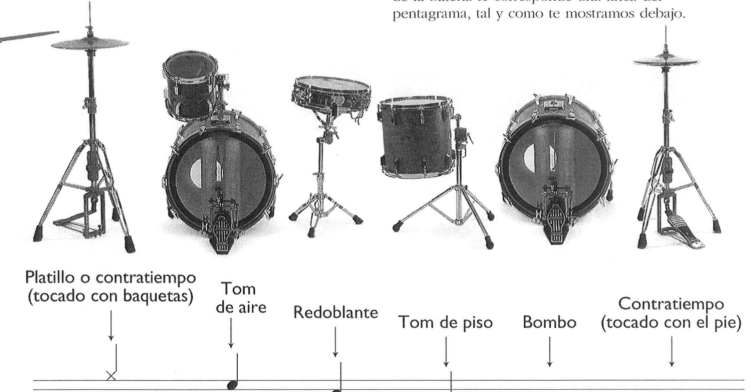

Platillo o contratiempo (tocado con baquetas) — **Tom de aire** — **Redoblante** — **Tom de piso** — **Bombo** — **Contratiempo (tocado con el pie)**

Cuando veas la palabra *ride* escrita en la línea de los platillos, tocarás la parte de platillo con el *ride*. Además, cuando veas escrito "H.H." (hi-hat) tocarás con el contratiempo cerrado (normalmente con la mano derecha).

El *crash* se representa con un círculo alrededor de la nota. ⊗

En el siguiente ejemplo, el ritmo de los platillos se toca con el contratiempo cerrado a excepción del primer golpe, que lo haremos en el *crash*.

H.H.

La música tiene un tempo. Varios tiempos forman una unidad mayor denominada compás.

Consejo

¿Barra o compás?
Los músicos britanicos le dicen barra, los de América del Norte, Sudamérica, y el resto de Europa le dicen compás, es lo mismo.

Éste símbolo o es una redonda, y dura un compás entero, cuatro tiempos. puedes contar redondas de esta forma: 1-2-3-4,

1 – 2 – 3 – 4 / 1 – 2 – 3 – 4 / 1 – 2 – 3 – 4 / etc
o   o   o

Este símbolo ♩ es una negra, y dura un tiempo. Por lo tanto, en cada compás caben cuatro negras, y se cuentan así:

1 – 2 – 3 – 4 / 1 – 2 – 3 – 4 / 1 – 2 – 3 – 4 / etc
♩ ♩ ♩ ♩ ♩ ♩ ♩ ♩ ♩ ♩ ♩ ♩

La agrupación más común de tiempos es de cuatro por compás. Este tipo de compás se llama 4 por 4 (4/4), y será el que usemos a lo largo de este libro.

En un 4/4 hay 4 tiempos uniformes en cada compás, que contaremos así:

1 – 2 – 3 – 4 / 1 – 2 – 3 – 4 / 1 – 2 – 3 – 4 / etc

Cada vez que contemos "1" estaremos comenzando un nuevo compás. Sencillo, ¿verdad? Si prestas atención a cualquier partitura podrás ver que las notas tienen diferentes formas –algunas tienen un corchete, algunas tienen el interior negro, y otras lo tienen blanco. No te preocupes - pronto te serán muy familiares.

El símbolo ♩ se llama blanca, y dura dos tiempos, por lo que se cuenta así:

1 – 2 – 3 – 4 / 1 – 2 – 3 – 4 / 1 – 2 – 3 – 4 / etc
♩   ♩   ♩   ♩   ♩   ♩

Finalmente, prestemos atención a un nuevo valor de nota: dura medio tiempo. Este símbolo ♪ se llama corchea. Hay ocho corcheas en cada compás.

1 & 2 & 3 & 4 & / 1 & 2 & 3 & 4 & / 1 & 2 & 3 & 4 &
♪♪♪♪♪♪♪♪ ♪♪♪♪♪♪♪♪ ♪♪♪♪♪♪♪♪

Para contar corcheas tendremos que subdividir cada tiempo en dos partes y las contaremos así:

1 & 2 & 3 & 4 &, etc

¡Ahora pasemos de la teoría a la práctica y toquemos con el grupo!

Toca con el grupo

En el primer ejercicio deberás concentrarte en contar los tiempos. Como la **Pista 1** está escrita en 4/4, escucharás un clic de cuatro pulsos al principio. Mantén cerrado el contratiempo con el pie izquierdo sobre el pedal, y toca el ritmo de negras con la mano derecha sobre el contratiempo cerrado.

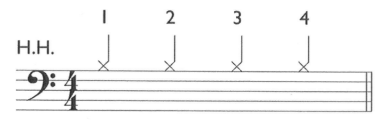

Cuenta 1, 2, 3, 4 durante todo el ejercicio, asegurándote de que cada tiempo coincida con un golpe de contratiempo. Si te vas de tiempo, para y empieza otra vez desde el principio.

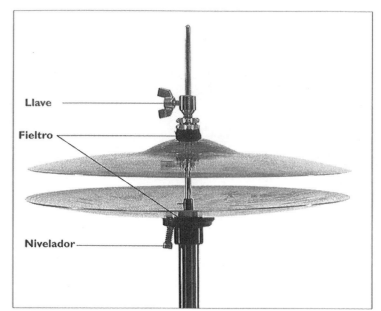

Consejo

Cuando estés familiarizado con el ejercicio, empieza en cualquier momento de la **Pista 1** e intenta seguir como antes: 1 2 3 4 etc.

Tener un tiempo estable implica no ir por delante ni detrás de la música. Para un baterista, es especialmente importante. Puede que hagas los mejores ritmos y redobles del mundo, pero si no puedes tocar a tiempo nunca tendrás el reconocimiento de los demás músicos.

Para desarrollar un buen sentido del tiempo, practica todos los ejercicios con las pistas de audio y un metrónomo. Intenta tocar cada ejercicio a diferentes tiempos, lento y rápido.

Nunca aceleres ni frenes a no ser que se te indique. Mantén un ritmo firme en todo momento. Descansa antes de iniciar un ejercicio a otro tempo.

Consejo

¡No dejes de escuchar!

Siempre que escuches la radio o un CD, intenta seguir el tiempo. Puede que te parezca sencillo, pero te estarás enseñando a contar y tocar a tempo. Muchos músicos pueden llevar un tiempo estable de forma automática, pero es así porque se han esforzado cuando empezaban a tocar.

PUNTO DE CONTROL

LO QUE HAS VISTO HASTA AHORA:

Ahora ya puedes:

- Leer partituras de batería sencillas.
- Comprender los valores de las notas.
- Tocar un primer ritmo de batería.

Ritmos básicos de *rock*

Ahora tocaremos un ritmo básico de *rock*. Lo haremos en tres fases:

Fase 1: Toca este ritmo de corcheas en el contratiempo cerrado con la mano derecha.

Cuenta en voz alta mientras tocas: 1 y 2 y 3 y 4 y etc.

Sigue practicando el ejercicio hasta que puedas tocarlo con suavidad y facilidad.

Pista 2: Este mismo ritmo a velocidad lenta.

Pista 3: Un poco más rápido.

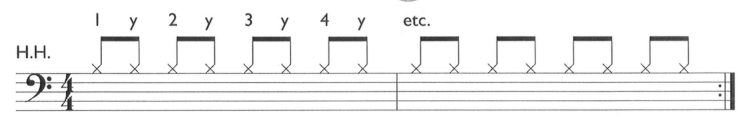

Fase 2: Toca el ritmo de contratiempo como antes, pero ahora toca también el redoblante con la mano izquierda en los tiempos 2 y 4. Es decir, en los pulsos 2 y 4 estarás tocando el redoblante y el contratiempo simultáneamente.

Pista 4: El ritmo a velocidad lenta.

Si tienes problemas a la hora de tocar el redoblante y el contratiempo al mismo tiempo, toca solo la parte de la caja en los pulsos 2 y 4. Una vez lo tengas dominado, añade las corcheas del contratiempo.

Pista 5: Ligeramente más rápido.

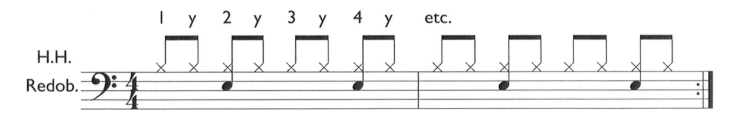

Consejo

Este símbolo ⫶‖ se llama signo de repetición. Cuando aparezca, deberás repetir todos los compases que se encuentren entre los dos signos. El primer signo de repetición se suele omitir si está al principio de la pieza.

Cuando toques el contratiempo cerrado y el redoblante, la mano derecha se cruzará por encima de la izquierda, como se muestra en la fotografía.

Fase 3: Toca el bombo con el pie derecho en los tiempos 1 y 3. Cuando toques el bombo y el redoblante, asegúrate de que el ritmo del contratiempo vaya a tiempo. ¡Y no te olvides de contar!

Escucha la **Pista 6** para que sepas cómo debe sonar.

Una vez te sientas seguro, intenta tocar sobre la **Pista 7**, que es algo más rápida.

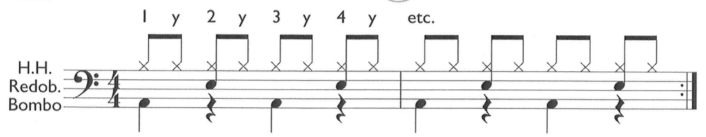

Este símbolo 𝄽 se llama silencio de negra, y significa que hay un tiempo en silencio, es decir, se cuenta, pero no suena. Esto supone que el bombo sólo tendrá que sonar en los tiempos 1 y 3, tal y como se muestra.

Consejo

Sonido y silencio

Los silencios son de gran importancia para todos los músicos – ¡en especial para los bateristas! De hecho, lo que no tocas es tan importante como lo que tocas. Debes contar los silencios con la misma atención que cualquier otra nota.

Toca con el grupo

Si ya has practicado el ritmo básico de *rock*, ahora puedes intentarlo sobre el grupo.

Fíjate en el ejemplo de abajo, que dura nueve compases. Los primeros cuatro compases se repiten, lo cual equivale a contar 4 tiempos 8 veces, y en el compás noveno acabarás con el *crash* y el bombo en el tiempo 1.

Muchos ritmos de este libro han sido utilizados en muchos buenos discos. Este ritmo en particular es un estándar de *rock* y ha sido adaptado por artistas tan distintos como Oasis y los Rolling Stones. A medida que te vayas familiarizando con distintos patrones rítmicos, podrás reconocer y apreciar lo que tocan otros bateristas.

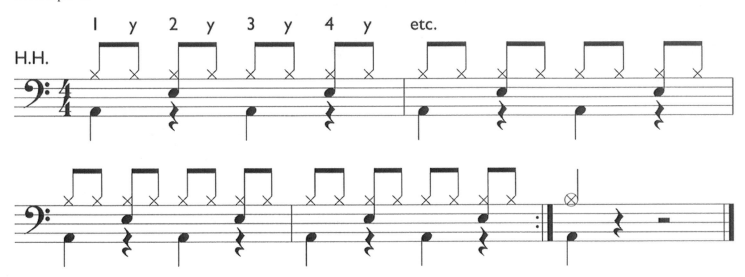

En la **Pista 8** hay un grupo completo con batería. Escúchala y cuenta los pulsos de la batería..

En la **Pista 9** está el grupo completo excepto la batería. Esta es tu oportunidad de ocupar el lugar del baterista. No olvides que todas las pistas comienzan con un clic de cuatro pulsos.

PUNTO DE CONTROL

LO QUE HAS APRENDIDO HASTA AHORA:

Ahora ya sabes cómo:

- Tocar un ritmo completo de batería.
- Coordinar el bombo con el redoblante y el contratiempo.
- Tocar con una grabación de un grupo completo.

Ahora que ya eres capaz de coordinar pies y manos, probemos algunos ritmos con distintos patrones de bombo.

Este ejemplo es otro ritmo clásico de *rock* usando un patrón de negra y corchea. Comienza aislando la parte del bombo y practícala hasta automatizarla. Después añade la parte del redoblante, y finalmente, la de corcheas del contratiempo. Asegúrate de que el contratiempo se mantenga constante, tanto en volumen como en tempo.

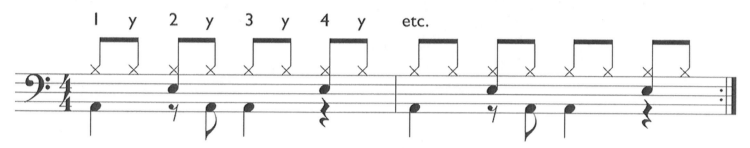

Fíjate en el silencio de corchea del bombo en el 2. Al igual que para todos los silencios, se cuentan, pero no se tocan. Escucha la **Pista 10** e intenta tocar encima.

Una vez lo domines intenta tocar sobre la **Pista 11**, que es un poco más rápida.

En el siguiente ejemplo, nos basaremos en el mismo ritmo clásico de *rock* y añadiremos una pequeña variación al bombo. Escucha la **Pista 12** e intenta distinguir el ritmo del bombo. Luego, practica el bombo por separado. Asegúrate de que lo controlas antes de intentar añadir el redoblante.

Finalmente, asegúrate de que cada golpe de bombo esté bien sincronizado con el contratiempo.

La **Pista 13** es una versión rápida de este ritmo.

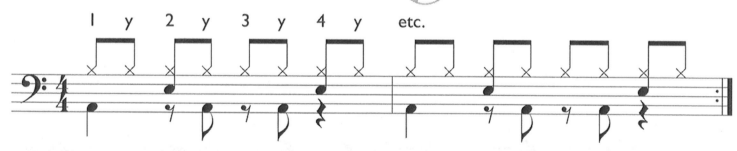

Lars Ulrich de Metallica

La sección rítmica

Uno de los aspectos más estimulantes de la batería es el poder tocar con otros músicos y hacer música. En cualquier grupo es importante que el bajo y la batería se coordinen para que los demás músicos puedan tocar

o cantar – de hecho, se le conoce como la sección rítmica. Para conseguirlo, el bombo deberá seguir de cerca las notas tocadas por el bajista, o viceversa.

▲ **Keith Moon** de The Who – uno de los bateristas clásicos de *rock*

El siguiente ejemplo retoma el ritmo que has estado practicando y muestra cómo se combinan el bajo y la batería. – Escucha la **Pista 14** para ver cómo interactúa el patrón de bombo con el del bajo.

La **Pista 15** no tiene batería para que puedas tocar sobre ella.

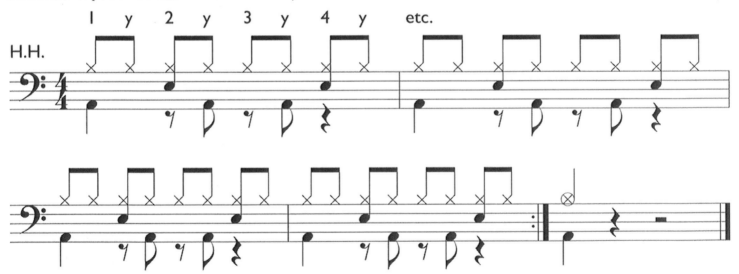

PUNTO DE CONTROL

LO QUE HAS APRENDIDO HASTA AHORA:

Ahora ya sabes cómo:

• Tocar dos ritmos clásicos de *rock* con distintos bombos

• Tocar junto a un grupo completo y coordinarte con el bajo.

Hasta ahora sólo has tocado ritmos en los que el redoblante sonaba en los tiempos 2 y 4 de cada compás. En el próximo ejemplo, el redoblante sonará en el tiempo 2 y en el "y 4 y". El contratiempo y el bombo tocarán el mismo patrón. Practica el bombo y el redoblante a la vez, y luego añade el contratiempo.

La **Pista 16** te permitirá oír el ritmo a velocidad moderada.

La **Pista 17** es algo más rápida.

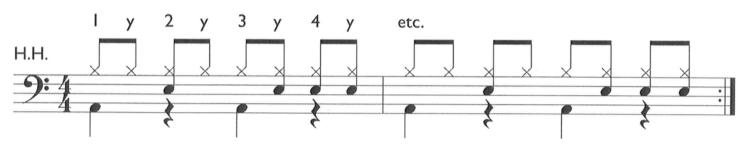

Esta es otra variación sobre el mismo ritmo básico con un patrón de redoblante distinto. De nuevo, practica el bombo y el redoblante juntos y después añade el contratiempo, asegurándote que los golpes de el redoblante van a tiempo con el patrón del contratiempo.

Practica despacio con la **Pista 18**.

Intenta tocar sobre la **Pista 19** cuando te sientas más seguro.

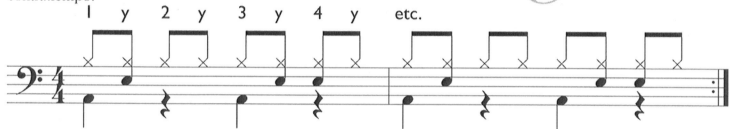

El *crash* (platillo de remate)

El *crash* se suele utilizar para el comienzo de una frase o acentuar ciertas figuras musicales. Para tocarlo, golpea el borde del platillo con el desnivel o el mango de la baqueta utilizando tu empuñadura habitual.

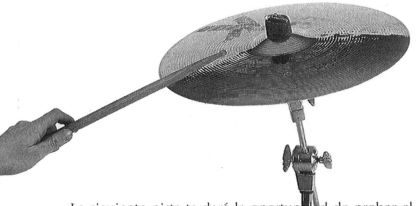

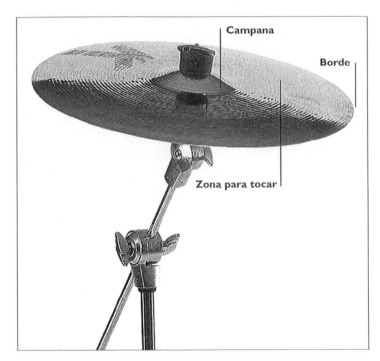

¡La siguiente pista te dará la oportunidad de probar el *crash* con el grupo!

Concéntrate en la repetición de esta frase de cuatro compases, en la que el *crash* sonará en el primer pulso de los compases 1, 5 y 9 – escucha la **Pista 20** para escuchar la versión con el grupo entero.

Fíjate también en que en los compases cuatro y ocho el redoblante toca un patrón ligeramente distinto. ¡No te olvides de seguir contando mientras tocas!

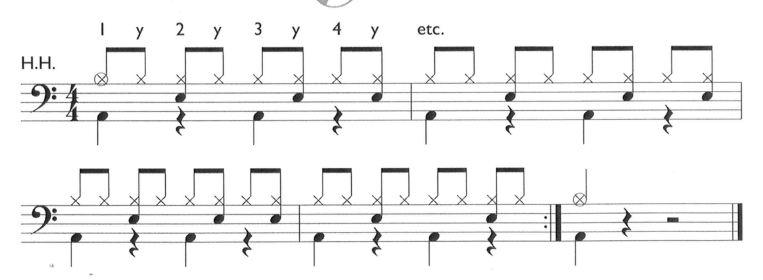

La **Pista 21** es tu oportunidad para tocar con el resto del grupo.

PUNTO DE CONTROL

LO QUE HAS VISTO HASTA AHORA:

Ahora ya sabes cómo:

- Tocar dos ritmos clásicos de *rock* nuevos con distintos redoblantes.
- Utilizar el *crash*.

Hasta ahora hemos estudiado algunos ritmos que utilizan distintos patrones de bombo y redoblante en ejercicios por separado, pero ahora combinaremos estas ideas para formar ritmos más interesantes.

Aplicando este enfoque al perfeccionamiento de tu técnica, podrás aumentar tu repertorio de patrones. No tengas miedo de experimentar – ¡crea tus patrones propios!

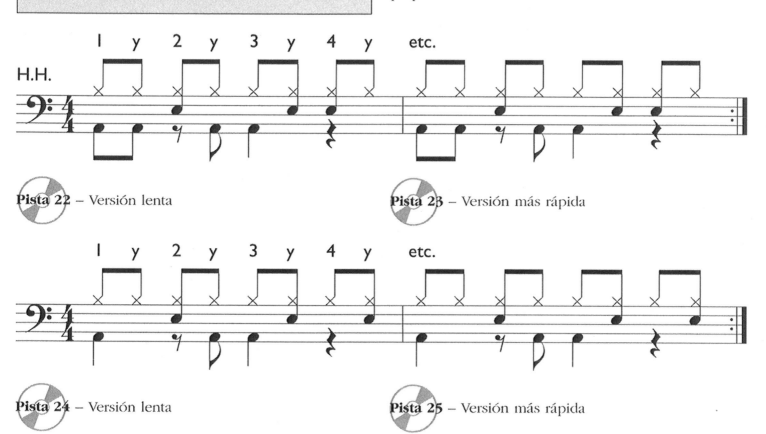

Pista 22 – Versión lenta

Pista 23 – Versión más rápida

Pista 24 – Versión lenta

Pista 25 – Versión más rápida

Ahora volveremos a tocar junto al grupo. Esta vez vas a tocar un ritmo con un interesante patrón de bombo y redoblante que funciona bien con las partes tocadas con otros miembros de la banda.

Escucha la versión completa del grupo en la **Pista 26.**

Después intenta tocar sobre la **Pista 27.**

Consejo

Fíjate en que en los compases 4 y 8 el bombo y el redoblante tocan patrones ligeramente diferentes.

PUNTO DE CONTROL

LO QUE HAS VISTO HASTA AHORA:

Ahora ya sabes cómo:

• Combinar diferentes patrones de redoblante y bombo.

Para adentrarnos en el tema de los redobles de batería necesitaremos introducir una nueva nota denominada semicorchea. Su aspecto es similar al de la corchea, pero tiene dos corchetes en vez de uno ♪.

En un compás de 4/4 hay dieciséis semicorcheas por compás. Para contar semicorcheas subdividiremos cada tiempo en cuatro partes de esta forma:

1 e y a, **2** e y a, **3** e y a, **4** e y a etc
♪♪♪♪ ♪♪♪♪ ♪♪♪♪ ♪♪♪♪

Ahora puedes tocar semicorcheas. Cuenta de forma uniforme mientras tocas y procura que cada vez que cuentes, se corresponda con un tiempo. Empieza con ambas baquetas a la misma altura sobre la batería y toca este ejercicio usando la técnica descrita para el golpe en la página 14.

En la **Pista 28** encontrarás cómo debería sonar el ejercicio.

Doble golpe de baqueta

En todos los ejercicios que hemos visto hasta ahora has tocado un golpe con cada mano – lo cual es conocido con el nombre de golpe simple de baqueta: D I D I etc. Para perfeccionar tu técnica puedes tocar este ejercicio usando el doble golpe de baqueta, es decir, tocando dos tiempos con cada mano: D D I I etc.

Ahora añade bombo y contratiempo para formar el ritmo escrito a continuación. Notarás que el bombo suena en los pulsos **1**, **2**, **3**, **4** a lo largo de todo el ejercicio, mientras que el contratiempo suena en los pulsos **2** y **4**.

La parte de contratiempo está escrita debajo del pentagrama, porque en vez de golpearlo con la mano derecha, como venías haciendo hasta ahora, vas a abrirlo y cerrarlo con el pie izquierdo en el pedal del contratiempo.

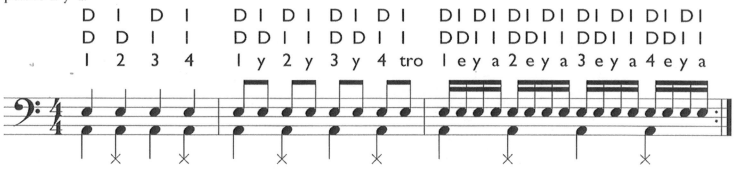

Para un mayor control del ejercicio, tócalo usando doble golpe de baqueta (tal y como se muestra por encima del pentagrama).

Asegúrate de que el bombo mantiene un tempo constante mientras los golpes del redoblante se doblan en cada compás, pasando de 4 a 8, y luego a 16.

Escucha la **Pista 29** y practica despacio hasta que puedas tocar sobre ella.

Montaje del contratiempo

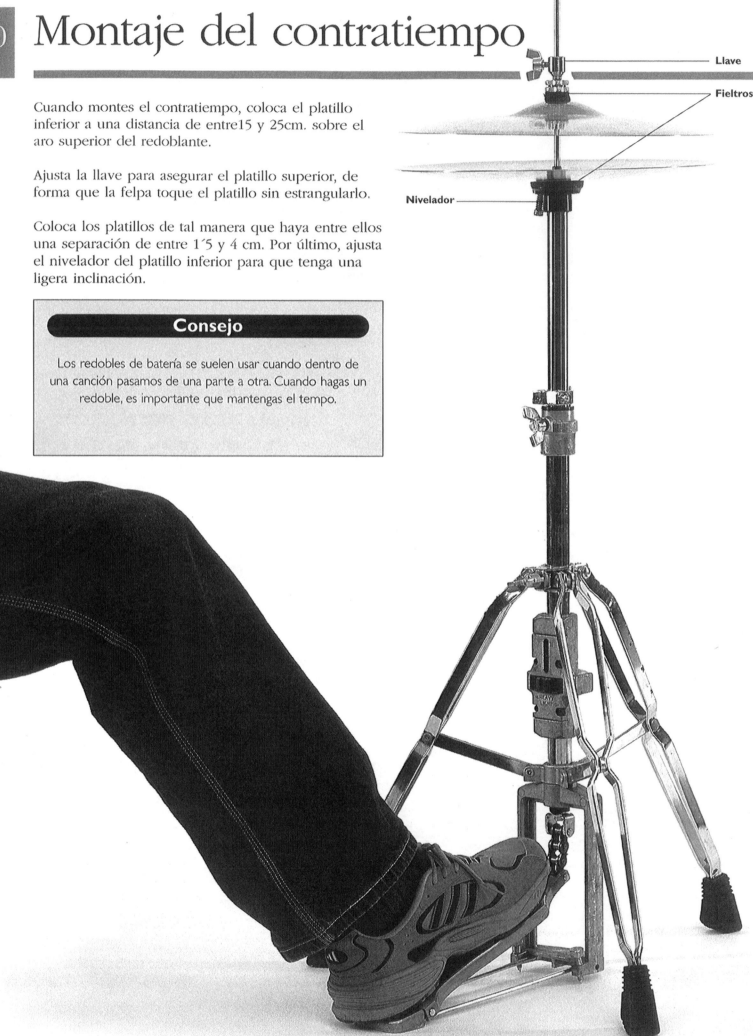

Llave

Fieltros

Nivelador

Cuando montes el contratiempo, coloca el platillo inferior a una distancia de entre15 y 25cm. sobre el aro superior del redoblante.

Ajusta la llave para asegurar el platillo superior, de forma que la felpa toque el platillo sin estrangularlo.

Coloca los platillos de tal manera que haya entre ellos una separación de entre 1´5 y 4 cm. Por último, ajusta el nivelador del platillo inferior para que tenga una ligera inclinación.

Consejo

Los redobles de batería se suelen usar cuando dentro de una canción pasamos de una parte a otra. Cuando hagas un redoble, es importante que mantengas el tempo.

Cuando toques el *ride*, golpéalo con la cabeza de la baqueta sobre la zona central entre la campana y el borde exterior.
Deja que la baqueta rebote después de cada golpe.

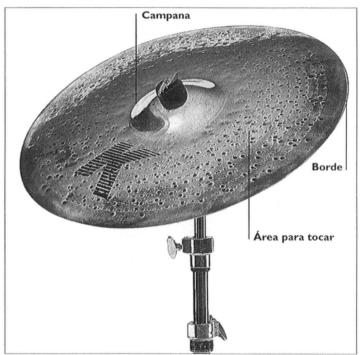

El siguiente ejemplo contiene dos compases diferentes:

En el compás 1 usa la mano derecha para tocar el patrón de *ride* y el pie izquierdo para cerrar el contratiempo en los pulsos 2 y 4 (al mismo tiempo que el redoblante).

En el compás 2, toca un compás de semicorcheas en el redoblante, manteniendo en todo momento un ritmo constante con el bombo y el contratiempo.

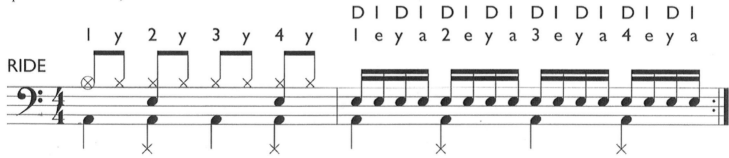

Escucha la **Pista 30** para ver cómo debería sonar el ejercicio, y después intenta tocar tú mismo sobre la pista.

Consejo

Finaliza este redoble con un *crash* en el tiempo 1, tras las semicorcheas.

Un redoble clásico de *rock*

Aquí tienes otra variación del redoble de un compás que acabas de aprender. La cuarta semicorchea de cada grupo de cuatro ha sido reemplazada por una corchea en el "y", lo que equivale a dos semicorcheas. El primer compás es igual al del ejemplo anterior

La **Pista 31** te mostrará cómo debería sonar este redoble.

Charlie Watts
de los Rolling Stones

John Bonham
de Led Zeppelin

PUNTO DE CONTROL

LO QUE HAS VISTO HASTA AHORA:

Ahora ya sabes cómo:

- Usar el pedal del contratiempo
- Usar el *ride*
- Experimentar con el doble golpe de baqueta
- Tocar tus primeros redobles

El gran final

Ahora tendrás la oportunidad de tocar una parte completa de batería, incluyendo redobles, junto a todo un grupo que te acompañará. Tendrás la ocasión de utilizar todo lo que has aprendido.

En el ejemplo de la siguiente página, la música está escrita en partes de cuatro compases, y los redobles se tocan cada cuatro compases. De hecho, si escuchas tus temas favoritos y cuentas el número de compases, te percatarás de que los redobles casi siempre aparecen en intervalos de 4, 8 ó 16 compases – ya que ese es el modo en que se estructura la música pop.

El redoble dura un tiempo, y comienza en el pulso 4. Normalmente, un redoble simple pero efectivo con una duración de uno o dos tiempos, será mejor que un redoble que dure un compás entero o más.

Escucha la **Pista 32** y toca tu parte de batería. Después únete a la banda en la **Pista 33**.

Consejo

Observa que el patrón del platillo cambia del contratiempo cerrado al *crash* (o viceversa) después de cada redoble.

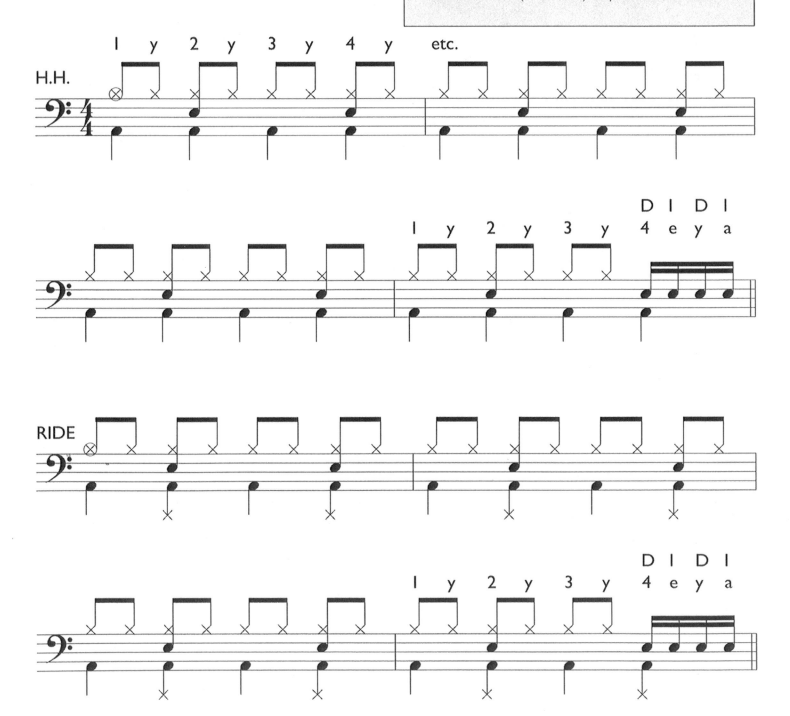

PUNTO DE CONTROL

LO QUE HAS VISTO HASTA AHORA:

¡Enhorabuena! Ya has llegado al final de este libro.
Ahora sabes cómo:

*   Coordinar el bombo, el redoblante, el
contratiempo, el *crash* y el *ride*.
*   Tocar junto sobre las pistas de acompañamiento
sin perder el ritmo.
*   Tocar ritmos clásicos de *rock*, con redobles
incluidos.

Cuidado y mantenimiento

Una batería bien cuidada te durará más tiempo, tendrá mejor aspecto y, sobre todo, no te dejará colgado en medio de un concierto o de una sesión de grabación.

1 Mantén todos los tensores, tornillos, tuercas y accesorios ligeramente lubricados.

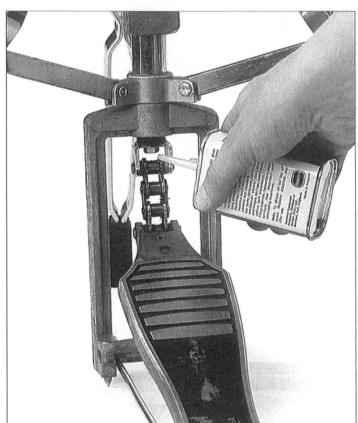

2 La bordonera es la parte más delicada de la batería, por lo que no deberás tocarla innecesariamente. No deberás colocar nada sobre ella, ya que esto podría hacer que las tiras finas de metal se doblasen. Si esto ocurriese, empezarían a vibrar causando un ruido molesto.

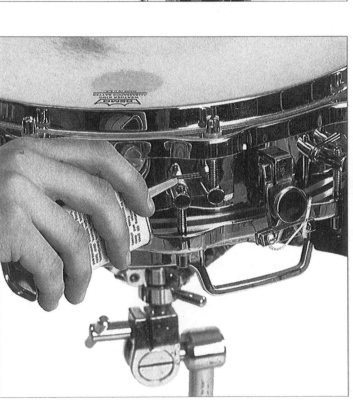

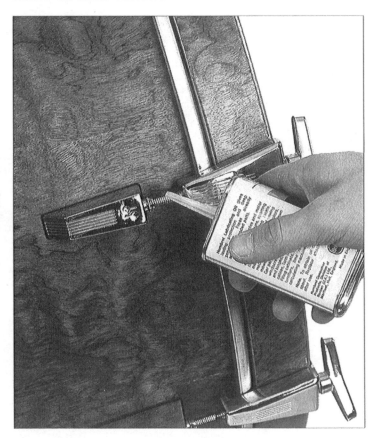

3 Los platillos pueden limpiarse (no muy frecuentemente) con un limpiador de platillos que puedes encontrar a la venta en muchas tiendas de instrumentos musicales o con una esponja suave humedecida con agua y jabón.

Asegúrate de que secas el platillo completamente después de lavarlo.

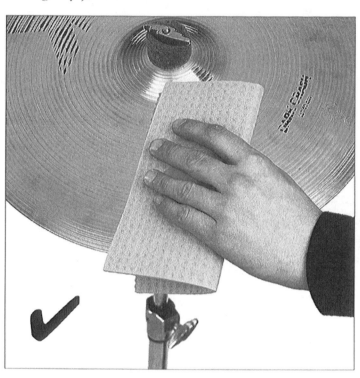

No uses productos abrasivos como limpiadores de metal, estropajos, etc., ya que podrían dañar el platillo.

No sujetes los platillos con demasiada fuerza, ya que esto podría reducir la vibración natural, e incluso podrías llegar a partirlos.

4 Si las partes cromadas de la batería se ensucian mucho, puedes limpiarlas con una esponja suave de hilo metálico. Mójala en aceite y frota suavemente hasta que elimines el polvo o la suciedad.

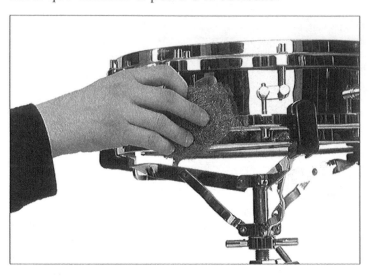

5 A la hora de transportar tu batería, es recomendable que uses estuches de fibra impermeables. Están disponibles en distintos tamaños, por lo que deberás comprobar las medidas de los distintas piezas de tu batería antes de comprarlos.

6 Muchos parches son de plástico y muy resistentes. Sin embargo, el uso constante hará que vayan perdiendo calidad de sonido y sensibilidad, por lo que deben ser sustituidos.

7 No guardes tu batería cerca de una fuente de calor (radiador, fuego, etc.).

Con las técnicas básicas de batería que has aprendido, podrás tocar algunas partes de batería de temas clásicos. Escucha las baterías de los temas siguientes e intenta imaginar qué está haciendo el baterista en cada una de ellas.

Be My Baby The Ronettes
Fifty Ways To Leave Your Lover Paul Simon
Green Onions Booker T & The MGs

Honky Tonk Woman The Rolling Stones
I Am The Resurrection The Stone Roses
I Can't Explain The Who
Rain The Beatles
Tomorrow Never Knows The Beatles
Voodoo Chile Jimi Hendrix
We Will Rock You Queen
When The Levee Breaks Led Zeppelin
White Room Cream

Cozy Powell – una leyenda de la batería de rock

PRIMER NIVEL

ESCRITA POR VÍCTOR M. BARBA

Por primera vez un insuperable método autodidacta para el músico principiante escrito totalmente en español

- Esta completa combinación de libros y disco compactos le pone a tocar inmediatamente.
- Cada libro contiene páginas repletas de ejercicios, diagramas y útiles consejos.
- Toque junto a las pistas de acompañamiento profesionales del disco compacto incluido con el libro.
- Creado por el premiado compositor y arreglista Víctor M. Barba fundador de la Easy Music School y creador del Método Música Fácil.

El precio de cada libro con el disco compacto es de $14.95

ISBN 0.8256.2728.1
UPC 7.52187.97436.9
Order No. AM 974369

ISBN 0.8256.2729.X
UPC 7.52187.97438.3
Order No. AM 974380

ISBN 0.8256.2730.3
UPC 7.52187.97439.0
Order No. AM 974391

ISBN 0.8256.2731.1
UPC 7.52187.97440.6
Order No. AM 974402

ISBN 0.8256.2732.X
UPC 7.52187.97441.3
Order No. AM974413

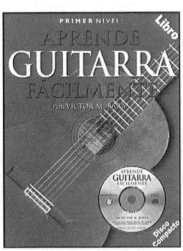

ISBN 0.8256.2733.8
UPC 7.52187.97442.0
Order No. AM974424

ISBN 0.8256.2734.6
UPC 7.52187.97443.7
Order No. AM 974435

ISBN 0.8256.2735.4
UPC 7.52187.97444.4
Order No. AM 974446

The **Music Sales** *Group*

- DESEA HACER PEDIDOS LLAME AL **1-845-469-4699** • FAX **1-845-469-7544** •
CORREO ELECTRÓNICO **info@musicsales.com** • SITIO DEL WEB **www.musicsales.com**

Guía para la Batería

Platillo *crash*

Soporte de platillo

Contratiempo o Hi-hat

Redoblante

Soporte de Contratiempo

Bombo

Soporte de redoblante

Tom de aire (tambor)

Platillo *ride*

Soporte de platillo

Tom de piso (tambor)

Pedal del bombo

Montaje de tu batería

Un equipo básico consiste de bombo, el redoblante, el tom de aire, soporte de contratiempo, soporte de redoblante, pedal del bombo, dos soportes de platillos, un contratiempo, un *ride* y un *crash*, como se muestra arriba.

Cuando armes tu batería, asegúrate de que todos los elementos estén a tu alcance fácilmente. La altura de tu asiento es importante, ya que puede afectar a tu forma de tocar. Busca una posición en la cual tus piernas estén relajadas y puedan controlar los pedales.

La afinación y la elección de los parches pueden marcar la diferencia en el sonido total de la batería. Cuanto más tensos estén los parches, más aguda será la afinación. Esto también afectará a la respuesta de la baqueta. Cuanto más tenso esté el parche más rápida será la respuesta.

Cuando afines el redoblante, intenta mantener ambos parches tensos, así como la bordonera para que no vibre cuando no lo deseamos. Si la bordonera está demasiado tensa, no vibrará.

Elige un parche que no sea demasiado grueso, ya que esto puede restar sensibilidad a la bordonera. Te recomiendo que pruebes un parche Remo CS para la parte superior y una bordonera Remo Ambassador para la parte inferior.

Los toms no suelen estar afinados en una nota específica, pero cuanto más pequeños sean, más agudo deberá ser el sonido, y viceversa. Cuando afinemos los toms, deberemos asegurarnos que todos ellos tienen el mismo tiempo de caída (o tiempo que transcurre hasta que el sonido se apaga).

Puedes hacerlo tocando cada tom y escuchando durante cuánto tiempo suena la nota. Puedes ajustar el tiempo de caída pegando un pequeño trozo de papel de seda con cinta adhesiva al parche superior, fuera de la zona donde golpeas.

A más cantidad de papel, menos tiempo de caída, y viceversa.

Cuadernillo

El Bombo

El bombo suele afinarse tan grave como sea posible sin que llegue a sonar mal. Para ello, aprieta los parches hasta que las arrugas desaparezcan. Se suele utilizar un almohadón o una manta colocada en el interior, contra el parche posterior, como sordina para cortar el sonido y producir un golpe seco.

Hay dos formas básicas de tocar el pedal del bombo. Una de ellas es apoyar el pie entero en el pedal, como se muestra en la primera foto de abajo. La otra es elevar el talón del pie y usar sólo la punta, como en la segunda foto.

A veces se usa una combinación de ambas. Puede que prefieras usar el método de la punta para tocar ritmos rápidos. Te recomiendo que pruebes ambas posibilidades y veas cuál es la más cómoda para ti.

Cuando ajustes el muelle del pedal del bombo, hazlo de forma que quede tenso y, cuando apoyes el pie en el pedal, el peso sea suficiente para que el mazo se mueva hacia el parche.

Los mazos de bombo suelen estar hechos de fieltro o madera. Los más normales son los de fieltro duro, ya que producen un buen sonido y una respuesta rápida.

Cuidado y mantenimiento

Parchesuperior

Presilla

Tornillo de ajuste de tensión

Aro superior

Bordoneras

Seguro de fijación

Aro superior

Tornillo de ajuste de tensión

Armazón metálico

Sordina

Parche inferior

Aspectos acerca del cuidado y del mantenimiento.

Una batería bien cuidada durará más tiempo, tendrá mejor aspecto, y, sobre todo, no te dejará colgado en medio de un concierto o de una sesión de grabación.

1) Mantén todos los tensores, tornillos, tuercas y accesorios ligeramente lubricados.

2) La bordonera es la parte más delicada de la batería, por lo que no deberás tocarla innecesariamente. No deberás colocar nada sobre ella, ya que esto podría hacer que las tiras finas de metal se doblasen. Si esto ocurriese, empezarían a vibrar causando un ruido molesto.

3) Los platos pueden limpiarse (no muy frecuentemente) con un limpiador de platos que puedes encontrar a la venta en muchas tiendas de instrumentos musicales, o con una esponja suave humedecida con agua y jabón. Asegúrate de que secas el plato completamente después de lavarlo. No uses productos abrasivos como limpiadores de metal, estropajos, etc., ya que podrían dañar el plato. No sujetes los platos con demasiada fuerza, ya que esto podría reducir la vibración natural, e incluso podrías llegar a partirlos.

4) Muchos parches son de plástico y muy resistentes. Sin embargo, el uso constante hará que vayan perdiendo calidad de sonido y sensibilidad, por lo que deberán ser reemplazados.

Para cambiar un parche, aflójalo totalmente (usando una llave de batería), quita todos los muelles; y saca el aro.

Quita el parche viejo y coloca el nuevo, volviendo a poner el aro y los muelles. Después afina el parche ajustando cada tensor (en el orden que se muestra en el diagrama inferior) con un solo giro cada vez, hasta que obtengas el sonido deseado.

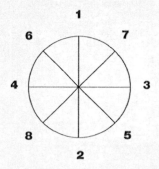

5) No guardes tu batería cerca de una fuente de calor (radiador, fuego, etc.).

6) A la hora de transportar tu batería es recomendable el uso de estuches de fibra impermeables. Están disponibles en distintos tamaños, por lo que deberás comprobar las medidas de los distintas piezas de tu batería antes de comprarlos.

Empuñadura de las baquetas

Hay dos modos básicos de sujetar las baquetas. Uno de ellos es la empuñadura paralela, en la que ambas baquetas se sujetan de la misma forma. La otra es la empuñadura tradicional. La mayoría de los baterías actuales utilizan la empuñadura paralela (por motivos de velocidad y potencia), como se muestra debajo.

La empuñadura paralela

Mano derecha: Con la palma de la mano derecha mirando al suelo, sostén la baqueta a la altura de un tercio desde la base, de forma que haga de eje entre el dedo pulgar y la articulación del dedo índice, como se muestra en la foto.

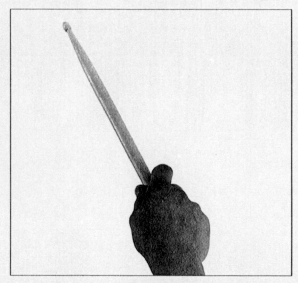

Curvea tu dedo índice alrededor de la baqueta, y haz lo mismo con los dedos medio, anular y meñique para estabilizarla y controlarla.

Mano izquierda: La empuñadura de la mano izquierda es exactamente igual que la de la mano derecha. Intenta mantener ambas manos y dedos tan relajados como sea posible.

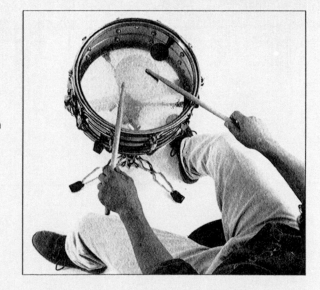

Cuadernillo